Schroedel

2

Soundcheck

Hörbeispiele CD 1–7

Soundcheck 2

Marcus Altmann
Ruth Andersen
Gabriele Aust
Walther Engel
Dorothee Graefe-Hessler
Hans Jünger
Kurt Klose
Michael Koball
Stefan Köttgen
Elisabeth Mentzel
Werner Nienhaus

Hörbeispiele
7 Compact Discs (DDD)

HB = Hörbeispiel (die HB-Nummer im Schülerband entspricht der Tracknummer auf der CD)
Seite = Verweis auf die Schülerbuchseite

Aufnahmen, Überspielungen und Bearbeitung:
Noah Studios, Hannover

ISBN 978-3-507-02637-7

HB	Seite	Titel	Komponist	Ausführende(r)	Quelle	Dauer
CD 1						
1	9	Schreibmaschine	–	Walther Engel, Jens Bernewitz	Eigenaufnahme Noah Studios	0:16
2	9	Ampel für Blinde (Grün)	–	Jens Bernewitz	Eigenaufnahme Noah Studios	0:16
3	9	Belgische Nationalhymne (La Brabançonne), Beginn	François van Campenhout	The Central Band of the Royal Australian Airforce, L. H. Hicks	Philips 512572-2 LC 00305	0:20
4	9	E-Bass	–	Jens Bernewitz (b)	Eigenaufnahme Noah Studios	0:14
5	9	Quietschende Reifen	–	–	Eigenaufnahme Noah Studios	0:12
6	9	Hijrân Karamy (Sâz)	überliefert	Edalat Nasibov (Sâz)	Ocora Radio France C 560181/HM 76 LC 11719	0:16
7	9	Deutsche Nationalhymne, Ausschnitt	Joseph Haydn	The Central Band of the Royal Australian Airforce, L. H. Hicks	Philips 512572-2 LC 00305	0:15
8	11	Drei, fünf und sieben Abstufungen des Klavier-anschlags	–	Jens Bernewitz (p)	Eigenaufnahme Noah Studios	0:38
9	12	Rhythmus F	–	Jens Bernewitz (dr)	Eigenaufnahme Noah Studios	0:32
10	13	Viva la vida	Chris Martin, Jonny Buckland, Will Champion, Guy Berryman	Coldplay	Parlophone (EMI) 2647112/50999 26471129 LC 00299	4:02

HB	Seite	Titel	Komponist	Ausführende(r)	Quelle	Daue

CD 1

HB	Seite	Titel	Komponist	Ausführende(r)	Quelle	Daue
11	13	Viva la vida	Chris Martin, Jonny Buckland, Will Champion, Guy Berryman	David Garrett (vl)	Decca (Universal) 3715876 LC 00171	4:16
12	14	Tage wie diese (vollständig)	Andreas von Holst, Andreas Frege, Birgit E. F. Minichmayr	Die Toten Hosen	JKP JKP 117/52450 30302 LC 03055	4:29
13	15	Tage wie diese (Ausschnitt)	Andreas von Holst, Andreas Frege, Birgit E. F. Minichmayr	Die Toten Hosen	JKP JKP 117/52450 30302 LC 03055	0:32
14	16	Pacific 231, Ausschnitt	Arthur Honegger	Symphonieorchester des Bayerischen Rundfunks; Charles Dutoit	Erato 2292-452-2 LC 00200	0:36
15	16	Hummelflug	Nikolai Rimsky-Korsakow	Thomas Beckmann (vcl)	Jaro 4179-2 LC 08648	1:19
16	16	Die Moldau, Anfang: »Die erste Quelle der Moldau« (aus: »Mein Vaterland«)	Bedřich Smetana	Wiener Philharmoniker; James Levine	DG 427 340-2 LC 00173	0:46
17	16	Die Moldau, »Breit strömt der Fluss« (aus: »Mein Vaterland«)	Bedřich Smetana	Wiener Philharmoniker; James Levine	DG 427 340-2 LC 00173	0:24
18	16	Morgenstimmung (aus: »Peer Gynt«, Suite 1, op. 46, Vorspiel, 4. Akt)	Edvard Grieg	Academy of St. Martin-in-the-Fields; Sir Neville Marriner	EMI CDC 7 47003 2 LC 00542	1:25

HB	Seite	Titel	Komponist	Ausführende(r)	Quelle	Dauer
CD 1						
19	16	Morning; Catfish Row	George Gershwin	Sound Track zum Film »Porgy and Bess« (A Samuel Goldwyn Motion Picture, 1963)	CBS Records S 70007 LC 00149	1:23
20	16	»Der Hummelflug« (aus: »Das Märchen vom Zaren Saltan«), Fassung für Blockflöte	Nikolai Rimsky-Korsakow	Michala Petri (Blockflöte), Hanne Petri (Klavier)	Philips 420 897-2 LC 00305	0:40
21	16	»Der Hummelflug«, Fassung für Tuba	Nikolai Rimsky-Korsakow; Arr.: Lewington	Kevin Morgan (Tuba), Paul Bateman (Klavier)	ASV Ltd. CD WHL 2098 LC 07967	0:43
22	21	22.1: Sinuston a': leise 22.2: Sinuston a': laut 22.3: Sinuston a: laut 22.4: Sinuston a: laut	–	Jens Bernewitz	Eigenaufnahme Noah Studios	0:44
23	21	23.1: Peitschenschlag 23.2: Schlag auf Gong 23.3: Rasseln 23.4: Telefonton 23.5: Orchester beim Stimmen 23.6: Unter Donner und Blitz (Polka), op. 324	23.1-23.5: – 23.6: Johann Strauß	23.1-23.5: Jens Bernewitz 23.6: Wiener Philharmoniker; Karl Böhm	23.1-23.5: Eigenaufnahme Noah Studios (0:41) 23.6: DG 423 775-2 LC 00173 (0:14)	0:55
24	22	24.1: Keyboard g'– Flöte g': f (je 2 sec) 24.2: Keyboard g': forte (2 sec/1 sec) 24.3: Keyboard g': f/p (je 2 sec) 24.4: Keyboard: g'/f': forte (je 2 sec)	–	Heiko Biermann (fl), Jens Bernewitz (key)	Eigenaufnahme Noah Studios	0:27

HB	Seite	Titel	Komponist	Ausführende(r)	Quelle	Daue
CD 1						
25	22	Te deum: Prélude (Anfang)	Marc-Antoine Charpentier	English Chamber Orchestra; Sir David Willcocks	EMI CDM 7 63135-2 LC 00110	0:29
26	22	Te deum: Melodie (Trompete)	Marc-Antoine Charpentier	Thomas Müller (tp)	Eigenaufnahme Noah Studios	0:15
27	22	Te deum: 3er-Takt	Marc-Antoine Charpentier	Thomas Müller (tp)	Eigenaufnahme Noah Studios	0:18
28	22	Te deum: Crescendo	Marc-Antoine Charpentier	Thomas Müller (tp)	Eigenaufnahme Noah Studios	0:16
29	22	Te deum: Tonhöhen-änderung	Marc-Antoine Charpentier	Thomas Müller (tp)	Eigenaufnahme Noah Studios	0:17
30	22	Te deum: Flöte	Marc-Antoine Charpentier	Heiko Biermann (fl)	Eigenaufnahme Noah Studios	0:17
31	22	Te deum: Handy	Marc-Antoine Charpentier	–	Eigenaufnahme Noah Studios	0:06
32	25	Te Deum: Partiturstimme Violine 2	Marc-Antoine Charpentier	Marcus Altmann (p)	Eigenaufnahme Noah Studios	0:17
33	25	Te Deum: Partiturstimme Viola	Marc-Antoine Charpentier	Marcus Altmann (p)	Eigenaufnahme Noah Studios	0:19
34	25	Te Deum: Partiturstimme Bass	Marc-Antoine Charpentier	Marcus Altmann (p)	Eigenaufnahme Noah Studios	0:19
35	27	Lebt denn dr alte Holzmichl noch?	überliefert, Michael Rostig, Thomas Unger	De Randfichten	EMI 50999 6 40983 2 6 LC 00193	0:49
36	27	Toccata, d-Moll, BWV 565	Johann Sebastian Bach	Christoph Schoener (Orgel)	Mitra Classics CD 16 348 LC 05720	0:32

HB	Seite	Titel	Komponist	Ausführende(r)	Quelle	Dauer
CD 1						
37	27	Gangnam Style	Park Jai Sang, Yoo Keon Hyung	Psy (Yoo Keon Hyung)	Schoolboy/Universal 602537203185 LC 01846	0:45
38	27	Probier's mal mit Gemütlichkeit	Terry Gilkyson	Edgar Ott	Goya 870 133 LC 06982	0:44
39	32	Mord an einem Schneidergesellen	überliefert	Rolf Ludwig (Gesang)	CD »Das große Welttheater auf Eulenspiegels Bühne«, ISBN 3-359-01070-1, Eulenspiegel Das Neue Berlin Verlagsgesellschaft mbH & Co. KG, Berlin	1:48
40	37	Die Moritat von Mackie Messer (Drehorgel)	Kurt Weill, Bertolt Brecht	–	Monopol M 5093 LC 00665	0:33
41	38	Lied vom Bürgermeister Tschech	Dieter Süverkrüp (Text: überliefert)	Dieter Süverkrüp (Gesang)	Conträr 8338-2 LC 04664	1:56
42	38	»Kriegers Lust«, Marsch op. 26, Beginn	Josef Gungl	Stabsmusikkorps der Bundeswehr, Oberstleutnant Wilhelm Stephan	Brunswick (Universal) 060075307743 LC 00136	0:52
43	40	Das Blutgericht	überliefert	Marcus Altmann (Gesang)	Eigenaufnahme	2:46
44	44	Oye como va	Tito Puente	Santana	CBS CDCBS 32386 LC 00149	0:30

HB	Seite	Titel	Komponist	Ausführende(r)	Quelle	Daue
CD 1						
45	44	Trauermarsch (Anfang)	Frédéric Chopin	Andreas Barkoff (tp), Philipp Haagen (tb), Claudius Müller (Horn)	Eigenaufnahme Noah Studios	0:32
46	44	A Whiter Shade of Pale (langsamer 4er-Takt)	Gary Brooker, Keith Reid	Procol Harum	Metro METRCD 038 LC 20405	0:49
47	44	Morgenstimmung, aus »Peer-Gynt-Suite« Nr. 1, op. 46 (mittlerer 6er-Takt)	Edvard Grieg	English Chamber Orchestra; Raymond Leppard	Philips 446 181-2 LC 00305	0:52
48	44	Ouvertüre Nr. 2, h-Moll, BWV 1067: Menuett (langsamer 3er-Takt)	Johann Sebastian Bach	Concentus Musicus Wien; Nikolaus Harnoncourt	Teldec 9031-75858- 2 LC 03706	0:29
49	44	The Spirit of Nature (schneller 4er-Takt)	Martin Sponticcia	The Spirit of Nature	Spectrum 551 073-2 LC 05064	0:40
50	44	My Bonnie 50.1: Teil B 50.2: Teil A	The Beatles, Tony Sheridan	The Beatles, Tony Sheridan	Spectrum 551 487-2 LC 05064	0:28
51	44	My Bonnie: Teil B	The Beatles, Tony Sheridan	The Beatles, Tony Sheridan	Spectrum 551 487-2 LC 05064	0:35
52	44	My Bonnie: Teil A	The Beatles, Tony Sheridan	The Beatles, Tony Sheridan	Spectrum 551 487-2 LC 05064	0:44
53	44	My Bonnie vollständig	The Beatles, Tony Sheridan	The Beatles, Tony Sheridan	Spectrum 551 487-2 LC 05064	2:41

HB	Seite	Titel	Komponist	Ausführende(r)	Quelle	Dauer
CD 1						
54	46	Afrika Rhythmus-Beispiel: Acholi Bwala Dance (Uganda)	Uganda, überliefert	afrikanische Musiker	Nonesuch 979 167-2 LC 00286	0:40
55	46	Gamelan Gong: Barong Dance (Bali)	überliefert	Balinesisches Gamelan-Ensemble	Nonesuch 979 167-2 LC 00286	0:19
56	46	China Rhythmus-Beispiel: Two Dragons Playing with the Plum Flower	An Zhi-Shun	An Zhi-Shun	Tianxian Music Ltd. DCD-2057 o. LC	0:25
57	46	Conga-Groove	–	Jürgen Steinecke	Eigenaufnahme	0:18
58	46	Guiro-Groove	–	Jürgen Steinecke	Eigenaufnahme	0:15
59	46	Clave	–	Jürgen Steinecke	Eigenaufnahme	0:15
60	47	4/4 Takt: Ungaresca, Saltarello	Giorgio Mainerio	Ulsamer Collegium; Josef Ulsamer	DG 459 379-2 LC 00173	1:10
61	47	3/4 Takt: Nothing Else Matters	James Alan Hetfield, Lars Ulrich	Metallica	Vertigo 510 022-2 LC 01633	2:04
62	47	6/8 Takt: Greensleeves	überliefert	Pipes and Drums of The Royal Scots Dragoon Guards	Universal 1779258 LC 01846	1:26
63	47	4/4 Takt: Boulevard Of Broken Dreams	Billie Joe Armstrong, Mike Pritchard, Frank E. Wright III	Green Day	Reprise Records 9362-48072-2 LC 00322	1:20
64	47	3/4 Takt: Sinfonie Nr. 1, D-Dur, 2. Satz: Trio, Beginn	Gustav Mahler	Chicago Symphony Orchestra; Claudio Abbado	DG 445 565-2 LC 00173	1:26

HB	Seite	Titel	Komponist	Ausführende(r)	Quelle	Daue
CD 1						
65	47	6/8 Takt: Brandenburgisches Konzert Nr. 1, 3. Satz, BWV 1046	Johann Sebastian Bach	Festival Strings Lucerne, Rudolf Baumgartner	Eurodisc 610 121-000 LC 00202	1:45
66	48	Salsa-Stück	Kurt Klose	Kurt Klose (p), Jürgen Steinecke (perc), Jens Bernewitz (b)	Eigenaufnahme Noah Studios	2:00
67	48	Guiro	–	Pitti Hecht	Eigenaufnahme Noah Studios	0:16
68	48	Cabaza	–	Pitti Hecht	Eigenaufnahme Noah Studios	0:22
69	48	Claves	–	Pitti Hecht	Eigenaufnahme Noah Studios	0:17
70	48	Bongos	–	Pitti Hecht	Eigenaufnahme Noah Studios	0:20
71	48	Congas	–	Pitti Hecht	Eigenaufnahme Noah Studios	0:19
72	48	Vibra-Slap	–	Pitti Hecht	Eigenaufnahme Noah Studios	0:09
73	48	Cowbell	–	Pitti Hecht	Eigenaufnahme Noah Studios	0:16
74	48	Shaker	–	Pitti Hecht	Eigenaufnahme Noah Studios	0:10
75	48	Schellenkranz	–	Pitti Hecht	Eigenaufnahme Noah Studios	0:11
76	49	Oye como va	Tito Puente	Santana	CBS CDCBS 32386 LC 00149	1:53

HB	Seite	Titel	Komponist	Ausführende(r)	Quelle	Dauer
CD 1						
77	49	El Cayuco	Tito Puente	Tito Puente	West Wind WW 2216 LC 07823	2:35
CD 2						
1	50	Feuerwerksmusik: Anfang der Ouvertüre	Georg Friedrich Händel	English Baroque Soloists; John Eliot Gardiner	Philips 454 410-2 LC 03305	0:18
2	50	Deutsche Nationalhymne	Joseph Haydn	The Central Band of the Royal Australian Air Force; L.H. Hicks	Philips 512 572-2 LC 00305	1:12
3	50	Französische Nationalhymne	C. J. Rouget de Lisle	The Central Band of the Royal Australian Air Force; L.H. Hicks	Philips 512 572-2 LC 00305	1:32
4	50	Amerikanische Nationalhymne	John Stefford Smith	The Central Band of the Royal Australian Air Force; L.H. Hicks	Philips 512 572-2 LC 00305	1:21
5	50	Halleluja (Anfang)	Georg Friedrich Händel	Taverner Choir and Orchestra; Andrew Parrott	EMI CDS 7 49801-2 LC 00110	0:27
6	50	Aus »Peter und der Wolf« op. 67, Beginn: Motiv des Großvaters (Fagott)	Sergej Prokofjew	Wiener Philharmoniker; Karl Böhm	DG 480 1823 LC 00173	0:12
7	50	Trauermarsch (Anfang)	Frédéric Chopin	Andreas Barkoff (tp), Phillipp Haagen (tb), Claudius Müller (Horn)	Eigenaufnahme Noah Studios	0:32

HB	Seite	Titel	Komponist	Ausführende(r)	Quelle	Daue
CD 2						
8	50	Hochzeitsmarsch, aus: »Lohengrin« (III. Akt)	Richard Wagner, Arr: Frederic Bayco	Frederic Bayco (Orgel)	EMI 7 62524-2 LC 00110	0:32
9	50	Kleine Nachtmusik (Anfang)	Wolfgang Amadeus Mozart	Berliner Philharmoniker; Herbert von Karajan	DG 400 034-2 LC 00173	0:17
10	51	Joshua fit the battle of Jericho (drei Versionen)	überliefert	Marcus Altmann (Klavier)	Eigenaufnahme Noah Studios	0:50
11	52	Klaviersonate Nr. 12, op. 26, As-Dur, 1. Satz: Andante (3. Variation)	Ludwig van Beethoven	Alfred Brendel (Klavier)	Philips 412 5752 LC 00305	0:37
12	52	Sinfonie Nr. 1, 1. Satz (Anfang)	Johannes Brahms	The London Classical Players; Roger Norrington	EMI CDC 7 54286-2 LC 00110	0:28
13	53	School of Ragtime: 13.1: als Marsch, 13.2: mit Synkopen	Scott Joplin	Marcus Altmann (Klavier)	Eigenaufnahme Noah Studios	0:26
14	53	The Entertainer	Scott Joplin	o. Angabe	Delta Music CD6510 LC 03843	3:39
15	53	Klaviersonate Nr. 14, c-Moll, KV 457, 3. Satz: Allegro assai	Wolfgang Amadeus Mozart	Klara Würtz (Klavier)	Brillant Classics 99149 LC 09421	0:13
16	53	Original Rags (Ausschnitt Takt 9-25)	Scott Joplin	o. Angabe	Delta Music CD6510 LC 03843	0:19
17	53	Original Rags (ganz)	Scott Joplin	o. Angabe	Delta Music CD6510 LC 03843	3:39

HB	Seite	Titel	Komponist	Ausführende(r)	Quelle	Dauer
CD 2						
18	57	Tabla Solo	Traditionell	Ravi Shankar (Tabla)	Angel Records CDM 724356691926 LC 00110	0:30
19	57	Chu Shui Lian (Sheng)	Mu Shanping, Bearb.: Wu Wei	Wu Wei (Sheng)	Melisma MELI 3048-2 LC 08576	0:25
20	57	Mouassal (Oud)	–	Charbel Rouhana (Oud)	ARC Music EUCD 1863 LC 05111	0:30
21	57	Flying Home (Vibrafon)	Benny Goodman, Lionel Hampton	Lionel Hampton (Vibrafon)	San Juan Music Group CD8015 o. LC	0:30
22	57	Handtrommel	–	Pitti Hecht	Eigenaufnahme Noah Studios	0:29
23	57	Carnavalito (Anden-Panflöte)	Traditionell	Traditionelle Musiker aus Equador	Playa Sound SA 141008 LC 08191	0:32
24	57	Hi Hat	–	Michael Koball	Eigenaufnahme Noah Studios	0:50
25	57	Somewhere over the Rainbow (Banjo)	Harold Arlen, E. Y. Harburg	Charles Wood (Banjo)	Charles Wood CW00001 o. LC	0:33
26	57	Idillio-Concertino op. 15, 2. Satz: Scherzo Presto (Oboe)	Ermanno Wolf-Ferrari	Albrecht Mayer (Oboe)	Cavalli Records CCD 408 LC 05724	0:33
27	57	Çanakkale Içinde (Zurna)	Okay Temiz	Ahmet Özden, Ali Özden, Recep Sirpşioğlu, Yusuf Ünal (Zurna), u.a.	Jaro JARO 4224-2 LC 08648	0:24

HB	Seite	Titel	Komponist	Ausführende(r)	Quelle	Daue
CD 2						
28	58	Carneval Takirari (Anden-Panflöte)	Traditionell	Traditionelle Musiker aus Bolivien	Playa Sound SA 141008 LC 08191	0:30
29	58	Aoleu, mas marita (Rumänische Panflöte)	Traditionell	Damian Luca, Radu Simion, Nicolae Pirvu	ARC Music EUCD 1296 LC 05111	0:27
30	59	Terophonium (Instrument aus Teppichrollen)	–	Walther Engel	Eigenaufnahme	0:30
31	61	Satisfaction	Mick Jagger, Keith Richard	Rolling Stones	Abkco 844088-2 LC 07654	0:15
32	61	Sing, sing, sing	Louis Prima	Benny Goodman (cl) und sein Orchester	Edel Records 0181262ERE LC 01666	0:24
33	61	Sinfonie Nr. 29, A-Dur KV 201, 4. Satz: Allegro con spirito, Beginn	Wolfgang Amadeus Mozart	Berliner Philharmoniker; Herbert von Karajan	DG 431 268-2 LC 00173	0:21
34	61	Streichquartett Nr. 14, D-Moll, D 810, 2. Satz: Andante con moto	Franz Schubert	Melos Quartett	DG 447 531-2 LC 00173	0:24
35	61	Contrapunktus IV aus »Die Kunst der Fuge«, BWV 1080	Johann Sebastian Bach	Flautando Köln (Blockflötenquartett)	Carus 83360 LC 03989	0:42
36	61	Le petit nègre	Claude Debussy, Arr. Detlef Bensmann	Berliner Saxophon Quartett	Koch/Schwann 3-1314-2 LC 01083	0:35
37	61	Gravy Waltz	Raymond M. Brown	Oscar Peterson Trio	Poll Winners Records PWR 27315 o. LC	0:39

HB	Seite	Titel	Komponist	Ausführende(r)	Quelle	Dauer
CD 2						
38	61	Septett Es-Dur, op. 10, 3. Satz: Menuetto, Allegretto (Beginn)	Franz Danzi	Consortium Classicum	Orfeo C 674 081 A LC 08175	0:36
39	61	Alligator Crawl (Brass Band)	Fats Waller, Arr.: Lee Norris	Canadian Brass	RCA Victor RD85628 LC 00316	0:23
40	61	Concerto für Laute (Gitarre), 2 Violinen und B.C., D-Dur, RV 93: Allegro giusto	Antonio Vivaldi	Narcisco Yepes (Gitarre), Orchestre de Chambre; Paul Kuentz	DG 429 528 LC 00173	0:25
41	61	Bayou Baroque	Wynton Marsalis	Wynton Marsalis Septet	Wounded Bird Records WOU 3324 LC o.A.	0:46
42	61	Satisfaction	Mick Jagger, Keith Richard	Rolling Stones	Abkco 844088-2 LC 07654	0:38
43	61	Sinfonie Nr. 29, A-Dur, KV 201, 1. Satz: Allegro moderato (Beginn)	Wolfgang Amadeus Mozart	Berliner Philharmoniker; Herbert von Karajan	DG 431 268-2 LC 00173	0:49
44	61	Toccata und Fuge d-Moll, BWV 538 (Beginn)	Johann Sebastian Bach	Flautando Köln (Blockflötenquartett)	Carus 83360 LC 03989	0:36
45	61	Hin (Blockflöte, Gitarre, Kontrabass)	Anto Karaula	Wildes Holz: Tobias Reisige (Blockflöte), Anto Karaula (git), Markus Conrads (b)	Holz Records CD »Wildes Holz im Ebertbad« (© 2009) LC 09123	0:29

HB	Seite	Titel	Komponist	Ausführende(r)	Quelle	Dauer
CD 2						
46	61	Killing me softly (Oboe, Cello, Klavier)	Norman Gimbel, Charles Fox, Arr.: Manuel Munzlinger	Manuel Munzlinger (ob), Romy Sanderling (vc), Andreas Wolter (p)	Berlin Classics 0017502BC LC 06203	0:35
47	61	Der Nebel steigt, op. 41	Carl Nielsen	Thomas Jensen (Flöte), Gesine Dreyer (Harfe)	Deutsche Gesellschaft für Flöte, Frankfurt/M DGFF 001, o. LC	0:24
48	67	»Der Großvater« (Fagott), aus: »Peter und der Wolf«	Sergej Prokofjew	Philipp Möhler (Fagott)	Eigenproduktion Noah Studios	0:12
49	67	Konzert für Fagott, B-Dur, KV 191, 1. Satz: Allegro	Wolfgang Amadeus Mozart	Dag Jensen (Fagott), Kölner Rundfunk-Sinfonieorchester; Werner Andreas Albert	Capriccio 10 579 LC 08748	1:15
50	67	Aus: »Die Bassnachtigall« (1922), Nr. 1: Melancolia (Beginn)	Erwin Schulhoff	Reiner Kugele (Kontrafagott)	Ars Musici 232155 LC 05152	0:37
51	67	Walzer aus »Die Zwerge« (1953/75)	Kazimierz Serocki	Blockflöten-Ensemble Dreiklang Berlin	Hänssler Classic 98.147 LC 06047	0:22
52	67	Fantasie in C-Dur	Georg Philipp Telemann	Patrick Gallois (Querflöte)	DG 437 543-2 LC 00173	0:28
53	67	Concertino für Oboe, op. 110: Vivace	Johannes Wenzeslaus Kalliwoda	Burkhard Glaetzner (Oboe), Berliner Sinfonieorchester; Claus Peter Flor	Capriccio 10 281 LC 08748	0:26

HB	Seite	Titel	Komponist	Ausführende(r)	Quelle	Dauer
CD 2						
54	67	Konzert in F, op. 2 für Fagott: 3. Satz, Tempo I	Franz Berwald	Klaus Thunemann (Fagott), Academy of St.-Martin-in-the-Fields; Sir Neville Marriner	Philips 446 096-2 LC 00305	0:30
55	67	3. Satz aus »Sonatine für Klarinette und Klavier«: Vif et rhythmique	Arthur Honegger	Karl-Heinz Steffens (Klarinette), David Gazarov (Klavier)	Tudor 7047 LC 02365	0:36
56	67	»Summertime« aus: »Porgy and Bess«	George Gershwin	Charlie Parker (Saxophon)	Giants of Jazz CDB 1202 LC 22432	0:20
57	67	Lullaby of Birdland	George Shearing	Emmanuel Héraud (ss, as), Anne Lecapelain (sa, ss), Marc Maincent (ts, as), Claude Launay (ts), Vincent Plékan (bs)	Maguelone MAG 111.104 LC 01512	0:25
58	67	Sinfonia Concertante für Oboe, Klarinette, Horn, Fagott und Orchester, Es-Dur, KV 297b, 3. Satz: Andante con variazioni	Wolfgang Amadeus Mozart	Walter Lehmayer (Oboe), Peter Schmidl (Klarinette), Günther Högner (Horn), Fritz Faltl (Fagott), Wiener Philharmoniker; Karl Böhm	DG 429 813-2 LC 00173	0:27
59	67	Concerto in G-Dur für Flöte, Oboe und B.C.: 1. Satz, Adagio	Johann Joachim Quantz	Musica Gaudeans	Oliverius OL 0001-2 131 o. LC	0:33
60	67	Trio in G-Dur: 3. Satz, Rondo, Allegro	Frantisek Josef Benedikt Dusík	Cech Flute Ensemble	Bonton Classic 10067-2131 LC 05668	0:36

HB	Seite	Titel	Komponist	Ausführende(r)	Quelle	Dauer
CD 2						
61	67	Quartett für Klarinette, Flöte, Horn und Fagott, C-Dur, G 262/1: 1. Satz, Allegro vivace assai	Luigi Boccherini	Consortium Classicum	Orfeo C 322 941 A LC 08175	0:30
62	68	Trio aus Posthorn-Serenade, D-Dur, KV 320 (Naturhorn)	Wolfgang Amadeus Mozart	Staatskapelle Dresden; Nikolaus Harnoncourt	Teldec 0630-19705-2 LC 06019	0:49
63	68	Horn	–	Claudius Müller	Eigenaufnahme	0:10
64	68	Horn: ungestopft	–	Claudius Müller	Eigenaufnahme	0:10
65	68	Horn: gestopft	–	Claudius Müller	Eigenaufnahme	0:10
66	68	Turmbläser: Intrada aus: »Fünfstimmige blasende Music«	Johannes Pezelius	Blechbläserensemble Ludwig Güttler	Christophorus CHR 74605 LC 00612	0:36
67	71	Konzert für Marimba, Vibrafon und Orchester op. 278, 1. Satz	Darius Milhaud	Peter Sadlo (Marimbafon), Bamberger Symphoniker; Wolfgang Rögner	Koch/Schwann 476264-7 LC 01083	1:00
68	71	Lonely Moments	Stefan Bauer	Stefan Bauer (mar), Matthias Nadolny (ts), Tim Wells (bass), Thomas Alkier (dr)	Village Jazz (Zyx) VILCD 1002-2 LC 06281	1:03
69	71	DaMa Dance	Nils Rohwer	Nils Rohwer (Marimbafon)	Niro Music-Edition CD »Nils Rohwer – Music for Marimba and Vibraphone« (2012) o. Nr./o. LC	1:14

HB	Seite	Titel	Komponist	Ausführende(r)	Quelle	Dauer
CD 2						
70	71	Suite für Violoncello Solo Nr. III, C-Dur, BWV 1009, Gigue	Johann Sebastian Bach	Julius Berger (Cello)	Wergo WER 4041-2 LC 00846	0:42
71	71	Suite für Violoncello Solo Nr. III, C-Dur, BWV 1009, Gigue	Johann Sebastian Bach	Christian Roderburg (Marimbafon)	Cybele 230.301 LC 03738	0:43
72	72	Sonatina für Harfe: Allegretto semplice	Sergiu Natra	Edward Witsenburg (Harfe)	Globe GLO 5133 LC 00689	0:27
73	72	Konzert für Violine Nr. 1, D-Dur, op. 6: Rondo	Niccolò Paganini	Henryk Szeryng (Violine), London Symphony Orchestra; Sir Alexander Gibson	Philips 446 572-2 LC 00305	0:35
74	72	Chanson balladée (Leier)	Guillaume Machaut	Ensemble für alte Musik	Edition Brockhoff FSM-63205 EB (LP) o. LC	0:20
75	72	Tasnif et Ortâ Sârytel (Sâz)	überliefert	Edalat Nasibov (Sâz)	Ocora Radio France C 560181/HM 76 LC 11719	0:37
76	72	Chasapiko Politiko (Bouzouki)	Traditionell, Arr.: Michalis Terzis	Thanassis Vasilas, Nikos Katsikis (Bouzouki, Tzouras, Baglamas), Michalis Terzis (Piano/Ltg.) u. a.	Arc Music EUCD 2435 LC 05111	0:35
77	72	Elégie	Gabriel Fauré	Wladislav Warenberg (Cello), Sara Crombach (Klavier)	Brilliant Classics 99386 LC 09421	0:29
78	72	Raga Bhimpalasi (Sitar)	Traditionell, Arr.: Ravi Shankar	Ravi Shankar (Sitar)	Angel Records CDM 724356691926 LC 00110	0:36

HB	Seite	Titel	Komponist	Ausführende(r)	Quelle	Dauer
CD 2						
79	72	Sonata seconda	Solomone Rossi	Bochumer Gamben-Ensemble; Wolfgang Eggers	MDG R 5301 LC 06768	0:31
80	72	Premier livre de pièces de clavicin: Menuet	Jean-Philippe Rameau	Alan Cuckston (Cembalo)	Naxos 8.550.463 LC 09158	0:38
81	72	Bassomaniaque	Joëlle Léandre	Joëlle Léandre (Bass)	Plainis Phare PL 1267-92 o. LC	0:37
82	72	Recuerdos de Alhambra (Mandoline: Tremolo)	überliefert	Wessel Decker and his Mandolin Orchestra	Damusic 77483 LC 08367	0:53
83	72	Mandolinenkonzert RV 532, G-Dur, 2. Satz: Andante	Antonio Vivaldi	Silvia und Takashi Ochi (Mandoline), Orchestre de Chambre; Paul Kuentz	Koch/Schwann 4802624 LC 01083	0:38
84	72	Konzert für Mandoline und Orchester G-Dur, 2. Satz: Andante con variationi	Johann Nepomuk Hummel	Edith Bauer-Slais (Mandoline), Vienna Pro Musica Orchestra; Vinzenz Hladky	Tuxedo TUXCD 1026 LC 06244	0:30
85	72	Tarantella del diavolo	Joël Francisco Perri	Joël Francisco Perri (Mandoline), Cedric Perri (Gitarre)	ARC Music EUCD 1077 LC 05111	0:32
86	72	Fire on the mountain (Bluegrass Mandoline)	Traditionell	Bill Monroe (Mandoline), Doc Watson (Gitarre)	Smithsonian Folkways SF CD 40064 o. LC	0:32
87	73	Stimmen der Ukulele: $a^1 – d^1 – fis^1 – h^1$	–	Jens Bernewitz	Eigenaufnahme Noah Studios	0:09

HB	Seite	Titel	Komponist	Ausführende(r)	Quelle	Dauer
CD 2						
88	73	Ain't she sweet (Ukulele Solo)	Milton Ager, Jack Yellen	Walther Engel (Ukulele)	Eigenaufnahme	0:33
89	73	Over the rainbow	E. Y. Harburg, Harold Arlen	Israel Kamakawiwo'ole (Gesang, Ukulele)	b 1 recordings/ Universal Music 0602527518220 LC 16158	1:02
90	74	Melodie der Ukulele	–	Jens Bernewitz	Eigenaufnahme Noah Studios	0:19
91	74	O Island in the Sun	Harry Belafonte, Lord Burgess	Harry Belafonte	Rondo 22413 LC 06703	1:13
92	77	Moonlight Becomes You	Frank Sinatra	Bing Crosby	Prism Leisure PLATCD 295 LC 14243	1:40
93	79	Memphis Tennessee	Chuck Berry	Chuck Berry	Chess Universal 329 371-2 LC 01056	2:12
94	81	Howlin' at the Moon	Hank Williams	Hank Williams	Blue Moon BMCD 3053 o. LC	1:39
95	81	Choo Choo Ch´Boogie	Vaughn Horton, Milton Gabler, Denver Darling	B. B. King	MCA 112 042-2 LC 01056	1:54
96	81	Shake, Rattle and Roll	Charles Calhoun	Joe Turner (voc)	Rhino Atlantic 8122-72968-2 LC 02982	2:16
97	81	Johnny B. Goode	Chuck Berry	Chuck Berry	Chess Universal 329 371-2 LC 01056	2:39

HB	Seite	Titel	Komponist	Ausführende(r)	Quelle	Dauer
CD 3						
1	82	Lose Yourself	Jeff Bass, Marshall B III Mathers, Luis Edgardo Resto	Eminem, Jeff Bass, Luis Resto	Interscope 493530-2 LC 06406	5:20
2	82	Respect	Otis Redding	Aretha Franklin	Eastwest Records 7567-80590-2 LC 01557	2:26
3	84	Tainted Love	Edward B. Cobb	Gloria Jones	SONG 2006 LC 04238	1:20
4	84	Tainted Love	Edward B. Cobb	Soft Cell (Marc Almond, David Ball)	Mercury Records 586 912-2 LC 00268	1:33
5	84	Tainted Love	Edward B. Cobb	Marylin Manson	Interscope 0602498638781 LC 06406	1:55
6	86	Rehab	Amy Winehouse	Amy Winehouse	Island Records 171 421 1 LC 00407	3:32
7	87	Amerika	Klaus Heuser, Wolfgang Niedecken	BAP	EMI 7243 8 53256-2 LC 00193	5:03
8	88	E-Gitarren-Sound: »Chorus«	–	Paul Schmoranzer (E-Gitarre)	Eigenproduktion	0:42
9	88	E-Gitarren-Sound: »Delay«	–	Paul Schmoranzer (E-Gitarre)	Eigenproduktion	0:43
10	88	E-Gitarren-Sound: »Flanger«	–	Paul Schmoranzer (E-Gitarre)	Eigenproduktion	0:43

HB	Seite	Titel	Komponist	Ausführende(r)	Quelle	Dauer
CD 3						
11	88	Voodoo Child	Jimi Hendrix	Jimi Hendrix	MCA Records MCD 11671 LC 01056	3:00
12	88	Smoke on the Water	Richard Blackmore, Ian Gillan, Roger Glover, Jon Lord, Ian Paice	Deep Purple	EMI 50999 6 28132 2 8 LC 00542	3:49
13	88	Jump	Edward van Halen, Alex van Halen, Michael Anthony, David Lee Roth	Van Halen	Warner Bros. 9362-46474-2 LC 00392	3:12
14	89	Riff 1: Smoke on the water	Richard Blackmore, Ian Gillan, Roger Glover, Jon Lord, Ian Paice	Deep Purple	EMI 50999 6 28132 2 8 LC 00542	0:27
15	89	Riff 3: Voodoo Child	Jimi Hendrix	Jimi Hendrix	MCA Records MCD 11671 LC 01056	0:18
16	89	Riff 2: Jump	Edward van Halen, Alex van Halen, Michael Anthony, David Lee Roth	Van Halen	Warner Bros. 9362-46474-2 LC 00392	0:24
17	91	Somebody that I used to know	Luiz Bonfá, Walter de Backer, Adam Horovitz	Gotye: Wally de Backer (git, fl, perc, synth samples, vocals), Lucas Taranto (bass), Kimbra (vocals)	Vertigo 06025 2791493 0 LC 14513	0:34
18	91	Seville	Luiz Bonfá	Luiz Bonfá	DOT Records DLP 25825 LC 00184	2:00

HB	Seite	Titel	Komponist	Ausführende(r)	Quelle	Dauer
CD 3						
19	91	Owner of a lonely heart	John Anderson, Trevor Horn, Trevor Rabin, Chris Squire	YES (John Anderson, Chris Squire, Trevor Rabin, Alan White, Tony Kaye)	Atco Records 7567-90125-2 LC 00120	2:40
20	91	Blinded by the light (Radio Cut)	Bruce Springsteen	Michael Mind feat. Manfred Mann's Earth Band	ZYX Music 82313-2 LC 06350	1:19
21	91	Blinded by the light	Bruce Springsteen	Manfred Mann's Earth Band	Cohesion MFMCD 2 LC 01051	1:46
22	94	Der Frühling (1. Satz, Allegro, aus: »Die vier Jahreszeiten«)	Antonio Vivaldi	Südwest-Studioorchester; Heribert Münchner	ZYX Classic CLS 4021 LC 06350	0:50
23	94	Der Frühling (1. Satz, Allegro, aus: »Die vier Jahreszeiten«)	Antonio Vivaldi	Canadian Brass	CBS Masterworks MK 42095 LC 00149	0:50
24	94	Streichquartett Nr. 62, op. 76/3, C-Dur (»Kaiserquartett«): 2. Satz, Poco Adagio	Joseph Haydn	Caspar da Salo Quartett	ZYX Classic CLS 4033 LC 07256	0:19
25	94	Streichquartett, op. 28: 1. Satz, mäßig	Anton Webern	Juilliard String Quartet	Sony Classical SM3K 45845 LC 00149	0:15
26	94	Streichquartett Nr. 62, op. 76/3, C-Dur (»Kaiserquartett«): 2. Satz, Poco Adagio	Joseph Haydn	Caspar da Salo Quartett	ZYX Classic CLS 4033 LC 07256	0:18

HB	Seite	Titel	Komponist	Ausführende(r)	Quelle	Dauer
CD 3						
27	94	Streichquartett Nr. 62, op. 76/3, C-Dur (»Kaiserquartett«): 3. Satz, Menuett, Allegro	Joseph Haydn	Caspar da Salo Quartett	ZYX Classic CLS 4033 LC 07256	0:19
28	94	Streichquartett, op. 28: 3. Satz, sehr fließend	Anton Webern	Juilliard String Quartet	Sony Classical SM3K 45845 LC 00149	0:25
29	95	Imbube	Arr: G. Beggs	Soweto String Quartet	RCA Victor 74321 46271 2 LC 00316	1:05
30	95	Mbube	Salomon Linda	Miriam Makeba	Saar 12514 LC 22463	1:02
31	95	The Lion Sleeps Tonight	Weiss/Creatore/ Peretti	Tight fit	Emporio EMPR CD570 LC 22218	0:48
32	97	Schuld war nur der Bossa Nova	Weil/Mann/Buschor	Manuela	Sonia CD 77289 LC 08367	2:44
33	98	House of the King	Jan Akkerman	Focus	Polydor 2344-0328 LC 00309	1:14
34	98	Galliarde	Valentin Hausmann	Ulsamer Collegium; Josef Ulsamer	DG Favorit 447 680-2 LC 00173	0:55
35	98	Wilder Reiter	Robert Schumann	Lívia Rév (Klavier)	Hyperion CDA 66185 LC 07533	0:31

HB	Seite	Titel	Komponist	Ausführende(r)	Quelle	Dauer
CD 3						
36	98	Rondo	Christian Gottlob Neefe	Uli Schmid (Klavier)	Eigenaufnahme	1:33
37	100	Creole Bo Bo	C. & E. Ory	Kid Ory	Giants of Jazz CD 53087 LC 22432	1:35
38	100	Twinkle, Twinkle Little Star	–	Bourbon Street Players	Laserlight 15 415 LC 08259	0:35
39	100	Twinkle, Twinkle Little Star	–	Bourbon Street Players	Laserlight 15 415 LC 08259	0:29
40	100	Wonderful World	Weiss/Thiele	Louis Armstrong	Laserlight 15 415 LC 08259	2:17
41	102	How High the Moon: Thema	Hamilton-Lewis	Chet Baker (tp), Pepper Adams (bs), Herbie Man (fl), Bill Evans (p), Paul Chambers (b), Philly Joe Jones (dr)	Riverside OJCCD-087-2 LC 00325	1:04
42	102	How High the Moon: Chorus	Hamilton-Lewis	siehe HB 41	Riverside OJCCD-087-2 LC 00325	2:31
43	103	Ah, vous dirai-je, Maman, C-Dur, KV 265 (vollständig)	Wolfgang Amadeus Mozart	Christoph Eschenbach (Klavier)	DG Resonance 445 023-2 LC 00173	8:11
44	103	Summertime	George Gershwin	Stephane Grappelli (Violine), The Hot Club of London	Black Lion BLCD 760139 LC 02940	0:43

HB	Seite	Titel	Komponist	Ausführende(r)	Quelle	Dauer
CD 3						
45	103	's kommt ein Vogel geflogen	Siegfried Ochs, Arr: Fr. Rosenkranz	Ernst Günter Scherzer (Klavier), Nordwestdeutsche Philharmonie; Werner Andreas Albert	EMI Laser 7 62761-2 LC 00110	0:41
46	103	Variationen über »Ein Mädchen oder Weibchen«, op. 66 (aus: »Die Zauberflöte« von W. A. Mozart)	Ludwig van Beethoven	Mischa Maisky (Cello), Martha Argerich (Klavier)	DG 439 532-2 LC 00173	0:28
47	103	Jingle Bells	überliefert	Bourbon Street Players	Laserlight 15 415 LC 08259	0:40
CD 4						
1	104	Thema c: Sinfonie Nr. 8, h-Moll, D 759, 1. Satz (»Unvollendete«)	Franz Schubert	Wiener Philharmoniker; Karlos Kleiber	DG 415 601-2 LC 00173	0:12
2	104	Thema a: Konzert für Trompete und Orchester, Es-Dur, 3. Satz	Joseph Haydn	Reinhold Friedrich (Trompete), Academy of St Martin; Sir Neville Marriner	Capriccio 10436 LC 08748	0:21
3	104	Thema e: Sinfonie Nr. 41, C-Dur, KV 551(Jupiter), 1. Satz, Allegro vivace	Wolfgang Amadeus Mozart	Wiener Philharmoniker; Leonard Bernstein	DG 431 267-2 LC 00173	0:15
4	104	Thema d: Sinfonie Nr. 4, e-Moll, op. 98, 2. Satz, Andante con moto	Johannes Brahms	Berliner Philharmoniker; Leonard Bernstein	DG 431 593-2 LC 00173	0:25
5	104	Thema b: Violinkonzert D-Dur, op. 61, 1. Satz	Ludwig van Beethoven	Ulf Hoelscher (Violine), Staatskapelle Dresden; Hans Vonk	EMI CDZ 25 3060-2 LC 00233	0:18

HB	Seite	Titel	Komponist	Ausführende(r)	Quelle	Dauer
CD 4						
6	105	Sinfonie Nr. 101, D-Dur: 2. Satz, Andante	Joseph Haydn	Süddeutsche Philharmonie; Alfred Scholz	Pilz 160 156 LC 07087	0:25
7	105	Sinfonie Nr. 4, A-Dur, op. 90 (»Italienische«): 1. Satz	Felix Mendelssohn-Bartholdy	The London Classical Players; Roger Norrington	EMI 754000-2 LC 00110	0:20
8	105	Sinfonie Nr. 104, D-Dur: 3. Satz, Menuetto, Allegro	Joseph Haydn	London Festival Orchestra; Sidney Lark	ZYX CLS 4003 LC 07256	0:34
9	105	Sinfonie Nr. 7, E-Dur: 2. Satz, Adagio	Anton Bruckner	Berliner Philharmoniker; Eugen Jochum	DG 445 010-2 LC 00173	0:32
10	105	Sinfonie Nr. 2, C-Dur, op. 61: 4. Satz, Allegro molto vivace	Robert Schumann	Baltimore Symphony Orchestra; David Zinman	Telarc CD 80182-2 LC 05307	0:21
11	105	Sinfonie Nr. 41, C-Dur, KV 551: 3. Satz, Menuetto, Allegretto	Wolfgang Amadeus Mozart	Wiener Sinfoniker; Leonard Bernstein	DG 431 267-2 LC 00173	0:22
12	107	Sonata facile, C-Dur, KV 545: Exposition	Wolfgang Amadeus Mozart	Christoph Eschenbach (Klavier)	DG 429 808-2 LC 00173	0:45
13	107	Sonata facile, C-Dur, KV 545: Durchführung	Wolfgang Amadeus Mozart	Christoph Eschenbach (Klavier)	DG 429 808-2 LC 00173	0:20
14	107	Sonata facile, C-Dur, KV 545: Reprise	Wolfgang Amadeus Mozart	Christoph Eschenbach (Klavier)	DG 429 808-2 LC 00173	0:51

HB	Seite	Titel	Komponist	Ausführende(r)	Quelle	Dauer
CD 4						
15	107	Sinfonie Nr. 5, B-Dur, D 485, 1. Satz: Exposition	Franz Schubert	The Classical Band; Bruno Weil	Sony SK 46 697 LC 06868	1:54
16	107	Sinfonie Nr. 5, B-Dur, D 485, 1. Satz: Durchführung	Franz Schubert	The Classical Band; Bruno Weil	Sony SK 46 697 LC 06868	0:52
17	108	Annen-Polka op. 117 (Schluss)	Johann Strauß (Sohn), Arr.: André Rieu	André Rieu, Orchester Wiener Melange	Polydor 528 786-2 LC 00309	1:45
18	108	Cantaloupe Island	Herbie Hancock	Herbie Hancock, Freddie Hubbard, Ron Carter, Tony Williams	Blue Note CDP 7 91142 2 LC 00133	1:38
19	108	»Wassermusik«: Ouvertüre	Georg Friedrich Händel	La Grande Ecurie et la Chambre du Roy; Jean-Claude Malgoire	Sony Classical SB2K 64 341 LC 06868	1:36
20	108	Säbeltanz	Aram Chatschaturjan	Hungarian National Philharmonic Orchestra	Delta Music CD 13 254 LC 03843	2:27
21	110	»Feuerwerksmusik«: Ouvertüre	Georg Friedrich Händel	Capella Istropolitana; Bohdan Warchal	Naxos 8.550109 LC 09158	0:45
22	110	»Wassermusik«: Alla Hornpipe	Georg Friedrich Händel	Capella Istropolitana; Bohdan Warchal	Naxos 8.550109 LC 09158	0:59
23	113	Chanson balladée (Leier)	Guillaume de Machaut	Odhecaton Ensemble für alte Musik	FSM FSM 63205 EB LC 03199	0:20

HB	Seite	Titel	Komponist	Ausführende(r)	Quelle	Dauer
CD 4						
24	113	Bicinium »Le cuer de vous« aus: »Bicinia gallica et latina« 1545 (Cornamuse)	Georg Rhau (1488-1548)	Early Music Consort of London, David Munrow (Sopran-Cornamuse), Andrew van der Beek (Alt-Cornamuse)	Virgin Classics (EMI) 0946 3 85814 2 0 LC 07873	0:26
25	113	Präludium C-Dur, aus: Das Wohltemperierte Klavier I (BWV 846)	Johann Sebastian Bach	Bob van Asperen (Cembalo)	Virgin Classics 7243 5 61712 2 0 LC 07873	0:19
26	113	Konzert für Klarinette, A-Dur, KV 622: 3. Satz, Rondo, allegro	Wolfgang Amadeus Mozart	Jozef Luptac'k (Klarinette), Slovak Philharmonic; Libor Pesek	Brilliant Classics 99032 LC 09421	0:24
27	113	Etüde c-Moll, Op. 10, Nr. 12 (»Revolutionsetüde«), Beginn	Frédéric Chopin	Maurizio Pollini (Klavier)	DG 413 794-2 LC 00173	0:22
28	113	Machine Gun (E-Gitarre)	Jimi Hendrix	Jimi Hendrix	Polydor 837 568-2 LC 00309	0:21
29	113	Klavierkonzert Nr. 1, e-Moll, Op. 11, 3. Satz: Rondo. Vivace	Frédéric Chopin	Martha Argerich (Klavier), London Symphony Orchestra; Claudio Abbado	DG 449 719-2 LC 00173	0:23
30	113	Brandenburgisches Konzert Nr. 5, D-Dur, BWV 1050 (Cembalo)	Johann Sebastian Bach	Concentus Musicus Wien; Nikolaus Harnoncourt	Teldec 4509-95980-2 LC 06019	0:20
31	113	Smoke on the Water	Richard Blackmore, Ian Gillan, Roger Glover, Jon Lord, Ian Paice	Deep Purple	EMI 50999 6 28132 2 8 LC 00542	0:19

HB	Seite	Titel	Komponist	Ausführende(r)	Quelle	Dauer
CD 4						
32	113	Saltarello (Leier)	anonym	Odhecaton Ensemble für alte Musik	FSM FSM 63205 EB LC 03199	0:20
33	113	Klarinettenquintett A-Dur, KV 581, 4. Satz: Allegretto con variazioni	Wolfgang Amadeus Mozart	Quatuor à cordes de l'Orchestre de Paris, Henri Druart (Klarinette)	EMI 7243 5 69999 2 3 LC 06646	0:27
34	113	La Morisque (Krummhörner)	Tielman Susato (ca. 1510-1570)	Ensemble Syntagma Amici; Bernhard Stilz	Ricercar RIC 262 LC 08851	0:22
35	114	Ay, Santa Maria	Spanien	Ensemble Freiburger Spielleyt	Aurophon AU 31187 LC 07709	0:54
36	114	Trotto	überliefert	David Munrow (Krummhorn), Oliver Brookes (Gambe), Chrostopher Hogwood (Percussion)	Decca 452 967-2 LC 00171	0:35
37	115	Ai vis lo lop	Frankreich (Auvergne), traditionell	Die Ungelichen	Verlag der Spielleute 9304 LC 06846	1:19
38	116	Trio Nr.1 für Flöte, Violine und Violoncello, C-Dur: Allegro moderato	Joseph Haydn	Trio Skerzo (Minsk)	Eigenaufnahme	0:37
39	116	Africa Ain't What It Used To Be	H. Schneidermann	Tuten & Blasen	Eigenaufnahme	0:49
40	117	unbekannt	überliefert	Drehorgelspieler	Eigenaufnahme	0:25
41	117	Lanbango	überliefert	Ensemble aus Gambia	Axiom 74321 12171-2 LC 00407	0:32

HB	Seite	Titel	Komponist	Ausführende(r)	Quelle	Dauer
CD 4						
42	117	Tierra Mestiza	Gerardo Taméz	Los Folkloristas	World Network 56.980 LC 06759	0:32
43	117	Hip-Hop	unbekannt	Trio (g, g, dr)	Eigenaufnahme	0:31
44	117	We Gotta Get Out Of This Place	Eric Burdon, Arr.: Stefan Köttgen	Musik Wahlkurs der Kl. 9 des Gymnasiums Schenefeld	Eigenaufnahme	1:30
45	119	Konzert für Klavier Nr. 1, b-Moll, op. 23: 1. Satz, »Allegro non troppo ...«	Peter Tschaikowsky	Yevgeny Kissin (Klavier), Berliner Philharmoniker; Herbert von Karajan	DG 427 485-2 LC 00173	0:40
46	119	Motörhead: Heartbreaker	Motörhead	Motörhead	UDR UDR 0177 CD LC 24677	1:10
47	119	Klavierquartett Es-Dur, op. 47: 3. Satz, Andante cantabile	Robert Schumann	Emanuel Ax (p), Isaac Stern (vl), Jaime Laredo (vl), Yo-Yo-Ma (cel)	Sony Classical SK 53 339 LC 06868	0:44
48	119	Michael Bublé: Sway	Pablo Beltran Ruiz, Luis Molina, Norman Gimbel	Michael Bublé, Randy Waldman, David Foster u. a.	Reprise Records 48376-2 LC 00322	1:22
49	119	Buena Vista Social Club: Candela	Faustino Oramas	Eliades Ochoa, Ibrahim Ferrer, Ry Cooder u. a.	World Circuit WCD 050 LC 02339	0:58
50	119	Lady Gaga: Applause	Blair/Bresso/ Germanotta/ Monson/Zisis	Lady Gaga	Interscope 0602537524891 LC 06406	1:09

HB	Seite	Titel	Komponist	Ausführende(r)	Quelle	Dauer

CD 4

HB	Seite	Titel	Komponist	Ausführende(r)	Quelle	Dauer
51	120	O Happy Day	überliefert	The St. Francis Choir featuring Ryan Toby	Hollywood Records 161 562-2 LC 00309	0:47
52	120	Fanfarra	überliefert	Sergio Mendes	Electra 7559-61315-2 LC 00192	0:48
53	120	Ständchen, D. 920	Franz Schubert	Lynette Alcantara (Alt), Monteverdi Choir; John Eliot Gardiner	Philips 454 428-2 LC 00305	1:01
54	120	Konzert für Fagott und Orchester, B-Dur, KV 191: 3. Satz, Rondo	Wolfgang Amadeus Mozart	Valery Popov (Fagott), Russian State Symphony Orchestra; Valeri Polyansky	Chandos CHAN 9656 LC 07038	1:33
55	120	Konzert für Saxofon und Orchester, e-Moll, KV 109: 1. Satz, Rondo	Alexander Glasunow	Detlev Bensmann (Saxofon), Rias-Sinfonietta Berlin; David Shallon	Koch Schwann 3-1335-2 LC 01083	0:58
56	120	Guitar Concerto: 2. Satz, Andante e Andante, Cadenza	Heitor Villa Lobos	Norbert Kraft (Gitarre), Northern Chamber Orchestra; Nicholas Ward	Naxos 8.550729 LC 09158	1:03
57	120	Konzert für Orgel op. 4, Nr. 4/1, HWV 290, 1. Satz, Allegro	Georg Friedrich Händel	Eduard Müller (Orgel), Schola Cantorum Basiliensis; August Wenzinger	DG Archiv 431 335-2 LC 00113	0:37
58	120	Concerto for solo percussion and chamber orchestra, 1. Satz: Molto vivo	Richard Rodney Bennett	Evelyn Glennie (percussion), The Scottish Chamber Orchestra; Paul Daniel	RCA Victor 74321-47629-2 LC 00316	0:38

HB	Seite	Titel	Komponist	Ausführende(r)	Quelle	Dauer
CD 4						
59	121	Brandenburgisches Konzert Nr. 2, F-Dur, BWV 1047: 1. Satz (T. 1–30)	Johann Sebastian Bach	The English Concert; Trevor Pinnock	Archiv Produktion 423492-2 LC 00113	1:19
60	122	Concerto Nr. 10, C-Dur, op. 6: 6. Satz, Minuetto, Vivace	Arcangelo Corelli	The English Concert; Trevor Pinnock	DG Archiv 459451-2 LC 00113	1:37
61	122	See you later Alligator	Robert Charles Guidry	Bill Haley	MCA Records MCD10645 LC 01056	2:45
62	128	El Cuarto de Tula	Sergio Siaba	Buena Vista Social Club	World Circuit WCD 050 LC 02339	2:00
63	128	Hamma (Culcha Candela)	Don Cali, Chino Con Estilo, Andreas Herbig u. a.	Culcha Candela	Polydor/Universal 1779343 LC 00309	2:00
64	128	Nima Diyala	Djeli Mady Tounkara	Afrocubism	World Circuit WCD 085 LC 02339	1:40
65	129	Percussion-Groove: Congas, Guiro, Claves, Cha-Cha-Bell	–	Jürgen Steinecke	Eigenaufnahme	0:39
66	130	Son de la Loma	Miguel Matamoros	Vieja Trova Santiaguera	Intuition Records 3182-2 LC 08399	3:08
67	130	Ritmando el Cha Cha Cha	Bebo Valdés	Orquesta Riverside	Compilation Egrem 74321 28338-2 LC 08126	2:00

HB	Seite	Titel	Komponist	Ausführende(r)	Quelle	Dauer
CD 4						
68	130	Rumba Abierta	Mario Bauzá	Mario Bauzá and his Afro-Cuban Jazz Orchestra	Messidor 15819-2 LC 08393	2:00
69	130	Bomba Puertorriqueña	Luis Garcia, Cano Robles	Conexión Latina	Enja 4072-01 LC 03126	2:00
70	130	Me Van a Casar (Merengue)	Alfonso Vásquez	Pochi y su Cocoband	Kubaney Publishing Corporation 325-2T o. LC	2:00
71	132	Conga-Tumbao	–	Uli Meinholz, Kurt Klose	Eigenaufnahme	0:38
72	133	Clave-Pattern	–	Jürgen Steinecke	Eigenaufnahme	0:23
73	133	Guiro-Pattern	–	Jürgen Steinecke	Eigenaufnahme	0:32
74	133	Timbales-Pattern	–	Jürgen Steinecke	Eigenaufnahme	0:20
CD 5						
1	134	Mund-cha-cha	Kurt Klose	Hanna Jursch, Kurt Klose, Jürgen Steinecke, Jens Bernewitz (voc)	Eigenaufnahme	0:56
2	134	Cha-cha-cha instrumental	Kurt Klose	Kurt Klose (p), Jürgen Steinecke (perc), Jens Bernewitz (b)	Eigenaufnahme	2:59
3	136	Bongo-Martillo	–	Jürgen Steinecke	Eigenaufnahme	0:31
4	136	Campana-Pattern	–	Jürgen Steinecke	Eigenaufnahme	0:23
5	136	Mambo-Rhythmus und Playback zu »Un poquito cantas«	Arr.: Kurt Klose	Hanna Jursch (voc), Kurt Klose (p), Jürgen Steinecke (perc), Jens Bernewitz (b)	Eigenaufnahme	3:10

HB	Seite	Titel	Komponist	Ausführende(r)	Quelle	Dauer
CD 5						
6	137	Cascara-Pattern	–	Jürgen Steinecke	Eigenaufnahme	0:22
7	137	Ihr Kinderlein kommet als Cha-cha	Arr.: Kurt Klose	Hanna Jursch (voc), Jens Kramer (g), Kurt Klose (p), Jürgen Steinecke (congas, perc), Jens Bernewitz (b)	Eigenaufnahme	1:48
8	137	Amadeo (vollständig)	Matthias Fürstenberg	Havana	Vive la Différence VLDCD 1999-10005 LC 00825	3:04
9	138	Fasso bara (Mande-Musik)	überliefert	Leo Keita (Gesang, Gitarre)	Eigenproduktion Noah Studios	2:12
10	139	Jarabi (Beginn)	Toumani Diabaté	Toumani Diabaté (Kora)	Hannibal Records HNCD 1338 LC 07433	2:00
11	139	Kaira	Toumani Diabaté	Toumani Diabaté (Kora)	Hannibal Records HNCD 1338 LC 07433	2:09
12	139	Jarabi (Schluss)	Toumani Diabaté	Toumani Diabaté (Kora)	Hannibal Records HNCD 1338 LC 07433	0:38
13	139	Begleit-Pattern zu Jarabi	Toumani Diabaté	Kurt Klose (p)	Eigenproduktion Noah Studios	0:21
14	139	Melodie-Ausschnitt Jarabi	Toumani Diabaté	Kurt Klose (p)	Eigenproduktion Noah Studios	0:21
15	139	Tonleiter in Jarabi	Toumani Diabaté	Kurt Klose (p)	Eigenproduktion Noah Studios	0:21
16	139	Begleit-Pattern zu Kaira	Toumani Diabaté	Kurt Klose (p)	Eigenproduktion Noah Studios	0:23

HB	Seite	Titel	Komponist	Ausführende(r)	Quelle	Dauer
CD 5						
17	139	Tonleiter in Kaira	Toumani Diabaté	Kurt Klose (p)	Eigenproduktion Noah Studios	0:22
18	140	N'Goni	–	Leo Keita	Eigenproduktion Noah Studios	0:29
19	140	Balafon	–	Uli Meinholz	Eigenproduktion Noah Studios	0:41
20	140	Tama	–	Uli Meinholz	Eigenproduktion Noah Studios	0:30
21	140	Djembé	–	Uli Meinholz	Eigenproduktion Noah Studios	0:30
22	140	Doundoun	–	Uli Meinholz	Eigenproduktion Noah Studios	0:39
23	141	Joie au village (Kora Solo)	Mamadou Fofana, Madou Sidiki Diabaté, Alex Wilson	Mali Latino	Alex Wilson Records AWCD7 MCPS LC 22913	1:37
24	141	Sangre Mandinga (Balafon Solo)	Mamadou Fofana, Madou Sidiki Diabaté, Alex Wilson, Davide Giovannini	Mali Latino	Alex Wilson Records AWCD7 MCPS LC 22913	2:39
25	141	Mali Cuba (Balafon- und Kora-Solo)	Toumani Diabaté	Afrocubism	World Circuit WCD 085 LC 02339	2:40
26	141	Mandjou	Salif Keita	Salif Keita (Gesang) und Ensemble	Island Records CIDM 1108/524 149-2 LC 00407	2:28
27	141	Soro	Salif Keita	Salif Keita	Stern´s Africa/Blue Mountain Music STCD 1020 LC 15328	1:33

HB	Seite	Titel	Komponist	Ausführende(r)	Quelle	Dauer
CD 5						
28	142	Bamalo, das Krokodil	Leo Keita	Leo Keita (voc, git), Uli Meinholz (voc, perc), Kurt Klose (p), Jens Bernewitz (bass, programming)	Eigenproduktion Noah Studios	2:04
29	142	Bamalo, das Krokodil (Playback)	Leo Keita	Leo Keita (git), Uli Meinholz (perc), Kurt Klose (p), Jens Bernewitz (bass, programming)	Eigenproduktion Noah Studios	2:04
30	142	Bamalo, das Krokodil (Bambara-Version)	Leo Keita	Leo Keita (voc, git), Uli Meinholz (perc), Kurt Klose (p), Jens Bernewitz (bass, programming)	Eigenproduktion Noah Studios	0:57
31	144	Mali-Ko (Peace)	Voices United for Mali	Voices United for Mali (Fatoumata Diawara, Djelimady Tounkara, Toumani Diabate u. a.)	World Circuit Records o. Nummer LC 02339	4:05
32	147	Improvization	überliefert	Giora Feidman	BMG/RCA 74321 36938-2 LC 00316	0:31
33	147	Tanzlied aus Poniky (»Hej, die Pfeifen klingen«), aus »Vier slowakische Volkslieder«	Béla Bartók	Rundfunkchor Stockholm; Eric Ericson	His Master's Voice/EMI 1 C 153-29 916 9 (LP) LC 00233	0:09
34	147	Hava nagila (Anfang)	Israel, Arr: Idelsohn	Harry Belafonte	RCA (Sony) 88697774102 LC 00316	0:16

HB	Seite	Titel	Komponist	Ausführende(r)	Quelle	Dauer

CD 5

HB	Seite	Titel	Komponist	Ausführende(r)	Quelle	Dauer
35	147	The Bantry Girl's Lament (Anfang)	Irland	De Dannan	WDR World Network 55.833 LC 06759	0:31
36	147	Mazurka Nr. 47, a-Moll, op. 68/2 (Anfang)	Frédéric Chopin	Idil Biret (Klavier)	Naxos 8.550359 LC 09158	0:11
37	147	Ich wollt, ich wär ein Huhn	Peter Kreuder	Willy Fritsch	EMI Electrola CDP 538-1 56309-2 LC 04077	0:07
38	147	Cloches à travers les feuilles, aus: »Images II«	Claude Debussy	Martin Jones (Klavier)	Nimbus Records NI 5161 LC 05871	0:26
39	154	Summer Nights, aus: »Grease«	Warren Casey, Jim Jacobs	Soundtrack zur deutschen Originalaufführung	EMI Records 7243 8 36967 2 7 LC 00193	3:31
40	156	Raindrops Keep Fallin' On My Head	Burt Baccharach, Hal David	Original Film Soundtrack	A&M Records 393 159-2 LC 00485	2:57
41	160	Ouvertüre aus »Orpheus in der Unterwelt« (Can Can)	Jacques Offenbach	Berliner Philharmoniker; Herbert von Karajan	DG 431 160-2 LC 00173	2:12
42	162	Fly Me to the Moon	Bart Howard	Frank Sinatra	Reprise Records 9362 46744-2 LC 00322	2:28
43	164	Mackie Messer: Original (aus: »Die Dreigroschenoper«)	Kurt Weill, Bertolt Brecht	Kurt Gerron (Mackie Messer)	Teldec 9031-72025-2 LC 03706	1:24

HB	Seite	Titel	Komponist	Ausführende(r)	Quelle	Dauer
CD 5						
44	164	Mackie Messer: Sting	Kurt Weill	Sting	A&M Records 395 104-2 LC 00485	1:50
45	166	Autumn Leaves	Jacques Charles Enoch, Joseph Kosma	Nat King Cole	EMI 7243 4 99575 2 7 LC 00542	1:17
46	166	Autumn Leaves	Jacques Charles Enoch, Joseph Kosma	Miles Davis (tr), Cannonball Adderley (as), Hank Jones (p), Sam Jones (b), Art Blakey (dr)	Blue Note CDP 7 98287 2 LC 00133	1:22
47	166	Autumn Leaves	Jacques Charles Enoch, Joseph Kosma	John Coltrane (sax)	Snapper Music SMDCD430 LC 12493	0:47
48	168	Metropolis	–	–	SWR 2 Baden-Baden Sendung »Aqua – Vom Klang des Wassers« (26.8.1999)	0:36
49	168	Soundmarks of the Ocean	Cécile Le Prado	–	SWR 2 Baden-Baden (siehe HB 48)	0:37
50	168	Internet-Wassermusik	–	–	SWR 2 Baden-Baden (siehe HB 48)	0:39
51	168	Roaratorio	John Cage	–	SWR 2 Baden-Baden (siehe HB 48)	0:49
52	168	Soundscape Vancouver	Robert Murray Schaefer	–	SWR 2 Baden-Baden (siehe HB 48)	0:35
53	170	Sarabande/N-touch, aus: »Suite für Sampler und Orchester«	Heiner Goebbels	Junge Deutsche Philharmonie; Peter Rundel	ECM Records ECM 1688|CD 4653382 LC 02516	0:37

HB	Seite	Titel	Komponist	Ausführende(r)	Quelle	Dauer
CD 5						
54	170	Atmosphères (ab T. 23)	György Ligeti	Sinfonieorchester des Südwestfunks Baden-Baden; Ernest Bour	Wergo WER 60162-50 LC 00846	0:35
55	170	Landschaften für großes Orchester I – Farben	Friedrich Schenker	Rundfunk-Sinfonieorchester Leipzig; Herbert Kegel	Nova 885167 (LP) VEB Deutsche Schallplatten Berlin DDR	0:34
56	170	Krebs	Karlheinz Stockhausen	Karlheinz Stockhausen	Stockhausen Edition CD Nr. 24 © Stockhausen-Stiftung für Musik, Kürten	0:30
57	171	Aria	John Cage	Salome Kammer (voc)	MDG 613 0701-2 LC 06768	0:34
58	171	Aria	John Cage	Meridith Monk (voc)	Koch International Classics 3-7238-2 Y6x2 LC 06644	0:43
59	171	Aria	John Cage	Salome Kammer (voc)	MDG 613 0701-2 LC 06768	0:28
60	171	Aria	John Cage	Meridith Monk (voc)	Koch International Classics 3-7238-2 Y6x2 LC 06644	0:29

HB	Seite	Titel	Komponist	Ausführende(r)	Quelle	Dauer
CD 6						
1	173	Wellen	–	–	Eigenaufnahme Noah Studios	0:19
2	173	Schnee/Eis	–	–	Eigenaufnahme Noah Studios	0:08
3	173	Regen	–	–	Eigenaufnahme Noah Studios	0:13
4	173	Tropfen	–	–	Eigenaufnahme Noah Studios	0:11
5	173	Regentropf-Polka	Johann Strauss	The King's Singers	EMI CDC 7 54057-2 LC 00110	0:23
6	173	La Mer	Claude Debussy	Orchestre de Paris; Daniel Barenboim	DG 439 407-2 LC 00173	0:46
7	173	Sinfonie Nr. 6 (Gewitter)	Ludwig van Beethoven	Wiener Philharmoniker; Leonard Bernstein	DG 413 779-2 LC 00173	0:34
8	173	Regenbögen	A. Dudley, T. Horn, J. Jeczalik, G. Langan, P. Morley	Cappuccino	Mercury 538 630-2 LC 00268	0:46
9	174	Wassermusik: Tropfen	Gerhard Müller-Hornbach	Orchester der Philipp-Reis-Schule Friedrichsdorf; Ursula Heukäufer	Eigenaufnahme	3:23
10	174	Wassermusik: Nebel	Gerhard Müller-Hornbach	Orchester der Philipp-Reis-Schule Friedrichsdorf; Ursula Heukäufer	Eigenaufnahme	2:16

HB	Seite	Titel	Komponist	Ausführende(r)	Quelle	Dauer
CD 6						
11	174	Wassermusik: Regen	Gerhard Müller-Hornbach	Orchester der Philipp-Reis-Schule Friedrichsdorf; Ursula Heukäufer	Eigenaufnahme	3:12
12	174	Wassermusik: zugefrorener See	Gerhard Müller-Hornbach	Orchester der Philipp-Reis-Schule Friedrichsdorf; Ursula Heukäufer	Eigenaufnahme	1:44
13	174	Wassermusik: Brandung	Gerhard Müller-Hornbach	Orchester der Philipp-Reis-Schule Friedrichsdorf; Ursula Heukäufer	Eigenaufnahme	3:23
14	176	Klangbeispiel Glarophon (Glasinstrument)	–	Olaf Pyras, Marcel Quappen (Glarophon)	Rolf Wiemers, Glashütte Clausthal-Zellerfeld	0:44
15	180	Sometimes I feel like a motherless child	überliefert	Ethel Waters (Gesang), Reginald Beane (Klavier)	Sepia Records SEPIA 1079 LC 03669	1:22
16	180	Sometimes I feel like a motherless child	überliefert	Roberta Kelly & The Munich Gospel Sound	Weltbild Music CD 703009YO LC 04641	0:49
17	181	Gospel-Gottesdienst	–	Reverend Melvin Smotherson (Predigt), Willie Mae Ford Smith (Gesang)	DVD »Say Amen, Somebody«, Ryko Filmworks RDVD 10891, © George T. Nierenberg (GTN Pictures)	1:08
18	182	By 'n' By	überliefert, Arr.: H. Burleigh	Paul Robeson (voc), Lawrence Brown (p)	Music Memoria MM 7243 8 41858-2 LC 03098	0:43
19	185	Old Time Religion	überliefert	The Riverside Gospel Group	ZYX Music 11019-2 LC 06350	0:48

HB	Seite	Titel	Komponist	Ausführende(r)	Quelle	Dauer
CD 6						
20	185	How I got over	William Herbert Brewster	Mahalia Jackson	Union Square Music/ Metro METRCD 034 LC 20405	0:57
21	186	Swing Low, Sweet Chariot	überliefert	Paul Robeson	Music Memoria MM 7243 8 41858-2 LC 03098	0:50
22	186	Swing Low, Sweet Chariot	überliefert, Arr.: Kathy Kelly	The Kelly Family	Kelly GbR 88-903 KEL LC 07737	0:53
23	186	Swing Low, Sweet Chariot	überliefert	Roberta Kelly and the Munich Gospel Sound	Weltbild Music 703009 YO LC 04641	1:11
24	186	Swing Low, Sweet Chariot	überliefert	The Golden Gospel Singers	Koch Y2K 324 177 LC 05680	0:58
25	186	Swing Low, Sweet Chariot	überliefert	Golden Gate Quartet	SONIA CD 77285 LC 08367	0:53
26	187	Let Us Sing	überliefert, Arr.: Gerald Sisters	The Gerald Sisters	Emporio DEMP 003 LC 13232	0:32
27	187	Let My People Go	überliefert Arr: Kathy Kelly	The Kelly Family	Kelly GbR 88-903 KEL LC 07737	0:39
28	187	Soldiers of the Cross	James Austin	Rev. James Cleveland	Emporio DEMP 003 LC 13232	0:38

HB	Seite	Titel	Komponist	Ausführende(r)	Quelle	Dauer
CD 6						
29	189	Pick a Bale of Cotton	H. Ledbetter (Leadbelly)	Leadbelly	History 20.1936-HI o. LC	1:04
30	190	Take this Hammer	H. Ledbetter (Leadbelly)	Leadbelly	DG 19352 LC 00173	1:04
31	191	Hejo, spann den Wagen an	überliefert	Nena	Polydor 529 040-2 LC 00309	0:26
32	191	Hammer Ring	überliefert	Will Roseborough	Document Records DOCD-5580 LC 13462	0:25
33	191	Perfekte Welle, Radio-Version	Andreas Herde, Simon Triebel	Juli	Island Records 9866665 LC 00407	0:42
34	191	O Yoyo	überliefert	Nkondo Mayeka Kinkonzi	Buda 92525-2 LC 06175	0:27
35	191	What Shall We Do With a Drunken Sailor	überliefert	Henno Storm	Koch 323 881 LC 05680	0:27
36	192	Bananaboat Song (Day-O)	Belafonte/Burgess/ Attaway	Harry Belafonte	RCA (Sony) 88697774102 LC 00316	1:14
37	193	Theo (Der Bananenbrot Song)	Arr.: Rolf Zuckowski	Rolf Zuckowski	Polydor 431 394-2 LC 05293	1:11

HB	Seite	Titel	Komponist	Ausführende(r)	Quelle	Dauer
CD 6						
38	195	16 Tons	Merle Travis	Tennessee Ernie Ford	Hallmark 703032 LC 01064	1:12
39	195	16 Tons	Merle Travis	Eric Burdon, Brian Auger Band	SPV 086-93812 LC 08100	1:40
40	196	How I got over	Collins/Friedrich/ Grenhart/Hunter/ Jenkins/Thompson	The Roots (feat. Dice Raw)	Def Jam 602527094601 LC 08427	0:57
41	199	»Die Eifersucht ist eine Plage« (Marie) aus: »Zar und Zimmermann«	Albert Lortzing	Erika Köth (Marie), Staatskapelle Dresden; Robert Heger	EMI 7243 5 65754 2 4 LC 06646	0:32
42	199/ 202	»Verraten! Von euch verraten!« (Zar) aus: »Zar und Zimmermann«	Albert Lortzing	Hermann Prey (Zar), Staatskapelle Dresden; Robert Heger	EMI 7243 5 65754 2 4 LC 06646	1:09
43	202	Dialog Zar Peter I. – Lefort aus: »Zar und Zimmer-mann«	Albert Lortzing	Hermann Prey (Zar), Fred Teschler (Lefort), Staatskapelle Dresden; Robert Heger	EMI 7243 5 65754 2 4 LC 06646	0:46
44	203	»Holzschuhtanz« aus: »Zar und Zimmermann«	Albert Lortzing	Staatskapelle Dresden, Robert Heger	EMI 7243 5 65754 2 4 LC 06646	0:54
45	204	»O sancta justitia« aus: »Zar und Zimmermann«	Albert Lortzing	Gottlob Frick (von Bett), Chor des Leipziger Rundfunks, Staatskapelle Dresden; Robert Heger	EMI 7243 5 65755-2 LC 06646	0:30
46	204	»Ich bin klug und weise« aus: »Zar und Zimmer-mann"	Albert Lortzing	Gottlob Frick (von Bett), Chor des Leipziger Rundfunks, Staatskapelle Dresden; Robert Heger	EMI 7243 5 65755-2 LC 06646	0:23

HB	Seite	Titel	Komponist	Ausführende(r)	Quelle	Dauer
CD 6						
47	204	»Diese ausdrucksvollen Züge« aus: »Zar und Zimmermann«	Albert Lortzing	Gottlob Frick (von Bett), Chor des Leipziger Rundfunks, Staatskapelle Dresden; Robert Heger	EMI 7243 5 65755-2 LC 06646	0:47
48	205	»Den hohen Herrscher würdig zu empfangen« aus: »Zar und Zimmermann«	Albert Lortzing	Gottlob Frick (von Bett), Chor des Leipziger Rundfunks, Staatskapelle Dresden; Robert Heger	EMI 7243 5 65754 2 4 LC 06646	0:52
49	205	»Heil sei dem Tag«, Chorszene aus: »Zar und Zimmermann«	Albert Lortzing	Gottlob Frick (von Bett), Chor des Leipziger Rundfunks, Staatskapelle Dresden; Robert Heger	EMI 7243 5 65755-2 LC 06646	0:45
50	205	»Heil sei dem Tag«, Chorszene aus: »Zar und Zimmermann«	Albert Lortzing	Gottlob Frick (von Bett), Chor des Leipziger Rundfunks, Staatskapelle Dresden; Robert Heger	EMI 7243 5 65755-2 LC 06646	0:16
51	205	»Heil sei dem Tag«, Chorszene aus: »Zar und Zimmermann«	Albert Lortzing	Gottlob Frick (von Bett), Chor des Leipziger Rundfunks, Staatskapelle Dresden; Robert Heger	EMI 7243 5 65755-2 LC 06646	2:03
52	206	Chantilly Lace (aus: »Buddy«)	Jiles Perry Richardson	C.C. Productions	Cedar GFS 189 o. LC	1:58
53	206	Anatevka (Chor, aus: »Anatevka«)	Jerry Bock	Shmuel Rodensky, Lliy Towska, Haide Lorenz u.a.	Teldec 2292-43897-2 LC 03706	0:40
54	207	Hair (aus: »Hair«)	Galt MacDermot, Gerome Ragni, James Rado	Original Soundtrack	BMG/RCA 07863 67812-2 LC 00316	1:57

HB	Seite	Titel	Komponist	Ausführende(r)	Quelle	Dauer
CD 6						
55	207	Das Phantom der Oper (aus: »Das Phantom der Oper«)	Andrew Lloyd Webber, Charles Hart	Peter Hofmann (Das Phantom), Anna Maria Kaufmann (Christine Daaé)	Polydor 847 514-2 LC 00309	2:24
56	207	Rolling Stock (aus: »Starlight Express«)	Andrew Lloyd Webber	Jeff Shankley (Greaseball), Drue Williams, Bobby Collins, Eddie Kemp (Greaseball Gang)	Polydor 9874448 LC 00309	1:21
57	207	One by One (Ensemble aus: »The Lion King«)	Lebo M	Broadway Ensemble	EMI 0946 353216 2 3 LC 00542	1:51
58	209	Memory (aus: »Cats«)	Andrew Lloyd Webber, T. S. Eliot	The Cast of Cats	Polydor 839415-2 LC 00309	2:20
59	210	Linie 1: 6 Uhr 14	Birger/Heymann	Ensemble des Grips Theaters Berlin	Polydor 831 219-2 LC 00309	2:47
60	210	Linie 1: Du sitzt mir gegenüber	Birger/Heymann	Ensemble des Grips Theaters Berlin	Polydor 831 219-2 LC 00309	2:14
61	210	Linie 1: Take the U-Train (»Wittenbergplatz«)	Birger/Heymann	Ensemble des Grips Theaters Berlin	Polydor 831 219-2 LC 00309	0:30
62	210	Linie 1: Nachruf	Birger/Heymann	Ensemble des Grips Theaters Berlin	Spectrum 550 419-2 LC 05064	3:29

HB	Seite	Titel	Komponist	Ausführende(r)	Quelle	Dauer
CD 6						
63	210	Linie 1: Bitte halt mich fest	Birger/Heymann	Ensemble des Grips Theaters Berlin	Spectrum 550 419-2 LC 05064	2:27
64	216	Intro Linie 1 (»Wittenbergplatz, Nollendorfplatz«)	Birger/Heymann	Ensemble des Grips Theaters Berlin	Spectrum 550 419-2 LC 05064	0:48
CD 7						
1	218	Menuetto (aus: Sinfonie Nr. 51, B-Dur)	Joseph Haydn	The English Concert; Trevor Pinnock	DG Archiv 429 400-2 LC 00113	0:42
2	218	An der schönen blauen Donau	Johann Strauss	Wiener Philharmoniker; Zubin Metha	Sony Classical/CBS SK 45 808 LC 00149	1:02
3	220	Sinfonie Nr. 5, c-Moll, op. 67, 1. Satz 3.1: T. 1–5 3.2: T. 6–21	Ludwig van Beethoven	The Chamber Orchestra of Europe; Nikolaus Harnoncourt	Teldec Classics 9031-75712-2 LC 06019	0:43
4	220	Sinfonie Nr. 5, c-Moll, op. 67, 1. Satz: Allegro con brio (vollständig)	Ludwig van Beethoven	The Chamber Orchestra of Europe; Nikolaus Harnoncourt	Teldec 2292-46452-2 LC 03706	7:12
5	221	Sinfonie Nr. 5, c-Moll, op. 67, 2. Satz: Andante con moto (Beginn)	Ludwig van Beethoven	The Chamber Orchestra of Europe; Nikolaus Harnoncourt	Teldec 2292-46452-2 LC 03706	0:51
6	221	Sinfonie Nr. 5, c-Moll, op. 67, 3. Satz: Allegro (Beginn)	Ludwig van Beethoven	The Chamber Orchestra of Europe; Nikolaus Harnoncourt	Teldec 2292-46452-2 LC 03706	0:51

HB	Seite	Titel	Komponist	Ausführende(r)	Quelle	Daue

CD 7

HB	Seite	Titel	Komponist	Ausführende(r)	Quelle	Daue
7	221	Sinfonie Nr. 5, c-Moll, op. 67, 4. Satz: Allegro (Beginn)	Ludwig van Beethoven	The Chamber Orchestra of Europe; Nikolaus Harnoncourt	Teldec 2292-46452-2 LC 03706	0:39
8	222	L'Hymne du Panthéon	Luigi Cherubini	Rundfunkchor Berlin (Männerstimmen), Rundfunk-Sinfonieorchester Berlin (Bläser), Heinrich Moser	Stiftung Deutsches Rundfunkarchiv, DRA Archiv Nr. 1930454, Rundfunk der DDR, 01.03.1954	0:16
9	222	The Fifth	Ludwig van Beethoven, Arr: Ekseption	Ekseption	Philips 824 482-2 LC 00305	1:00
10	222	Sinfonie Nr. 5, c-Moll, op. 67 (Transkription): 1. Satz	Ludwig van Beethoven, Franz Liszt	Glenn Gould	Sony Classical SMK 52 636 LC 06868	0:48
11	222	When I get You Alone	Walter Murphy, Robin Thicke	Robin Thicke	Interscope 069493375-2 LC 06406	1:18
12	222	The 9 Symphonies	Ludwig van Beethoven, Arr: The Cambridge Buskers	The Cambridge Buskers	DG 423 400-2 LC 00173	0:41
13	225	Mai (Frühlingslied aus: »Das Jahr«)	Fanny Hensel	Wolfram Lorenzen (Klavier)	Troubadisc TRO-CD 01419 LC 06206	1:08
14	225	Lieder ohne Worte, op. 53, Nr. 2, Es-Dur, Allegro non troppo	Felix Mendelssohn-Bartholdy	Daniel Barenboim (Klavier)	DG 453 061 LC 00173	1:29

HB	Seite	Titel	Komponist	Ausführende(r)	Quelle	Dauer
CD 7						
15	227	Auferstanden aus Ruinen: 1. Strophe	Hanns Eisler, Johannes R. Becher	Rundfunkchor Berlin, Rundfunk-Sinfonie-Orchester Berlin; Helmut Koch	Berlin Classics 0092322 BC LC 06203	0:21
16	227	Goodbye Jonny	Peter Kreuder	Hans Albers	Delta Music N 16075 LC 08259	0:37
17	227	Freudvoll und leidvoll (aus: Egmont, op. 84, Schauspielmusik)	Ludwig van Beethoven	Elisabeth Breul (Sopran), Staatskapelle Berlin; Heinz Bongartz	Berlin Classics 0091062 BC LC 06203	0:43
18	227	Sandmann, lieber Sandmann	Wolfgang Richter	ohne Angabe	Europa 74321 30285 4 MC LC 00967	0:27
19	227	Ach du meine Nase	Bernd Wendlandt, Ingo Politz	Sandmann's Dummies feat. Pitty Platsch & Schnatterinchen	BMG 74321 48331-2 LC 03650	1:18
20	228	Die Walküre, 1. Aufzug, Vorspiel, 1. Szene	Richard Wagner	Orchester der Bayreuther Festspiele; Pierre Boulez	Philips 434 446-2 LC 00305	3:36
21	229	Das Rheingold, 4. Szene (Donner-Motiv)	Richard Wagner	Orchester der Bayreuther Festspiele; Pierre Boulez	Philips 434 444-2 LC 00305	0:08
22	229	Die Walküre, 1. Aufzug, 2. Szene (Hunding-Motiv)	Richard Wagner	Orchester der Bayreuther Festspiele; Pierre Boulez	Philips 434 446-2 LC 00305	0:08
23	229	Die Walküre, 3. Aufzug: Vorspiel (Walküren-Motiv)	Richard Wagner	Orchester der Bayreuther Festspiele; Pierre Boulez	Philips 434 448-2 LC 00305	0:12

HB	Seite	Titel	Komponist	Ausführende(r)	Quelle	Daue

CD 7

HB	Seite	Titel	Komponist	Ausführende(r)	Quelle	Daue
24	230	»Warg-scouts« aus »The Hobbit – An Unexpected Journey«	Howard Shore	London Philharmonic Orchestra; Howard Shore	Decca Records 00602537155651 LC 00171	3:03
25	230	»Old Friends« aus: »The Hobbit – An Unexpected Journey« (Auenland-Motiv)	Howard Shore	London Philharmonic Orchestra; Howard Shore	Decca Records 00602537155651 LC 00171	0:24
26	230	»The Riders of Rohan« aus: »The Lord of the Rings – The Two Towers« (Rohan-Motiv)	Howard Shore	London Philharmonic Orchestra; Howard Shore	Reprise Records 9362-48379-2 LC 00322	0:18
27	230	»The Hornburg« aus: »The Lord of the Rings – The Two Towers« (Elben-Motiv)	Howard Shore	London Philharmonic Orchestra; Howard Shore	Reprise Records 9362-48379-2 LC 00322	0:20
28	232	Akkordbausteine 1	–	Jens Bernewitz (Klavier)	Eigenaufnahme Noah Studios	0:21
29	232	Akkordbausteine 2	–	Jens Bernewitz (Klavier)	Eigenaufnahme Noah Studios	2:06
30	239	Bahnhofsansage: aggressiv	–	Katrin Decker (Sprecherin)	Eigenaufnahme	0:05
31	239	Bahnhofsansage: soft (»Monroe«)	–	Katrin Decker (Sprecherin)	Eigenaufnahme	0:05
32	239	Bahnhofsansage: normal	–	Katrin Decker (Sprecherin)	Eigenaufnahme	0:05
33	239	Bahnhofsansage: zickig	–	Katrin Decker (Sprecherin)	Eigenaufnahme	0:05

HB	Seite	Titel	Komponist	Ausführende(r)	Quelle	Dauer
CD 7						
34	239	Ave Maria	Charles Gounod, Johann Sebastian Bach	Bobby McFerrin (voc), Yo-Yo Ma (Cello)	Sony SK 48177 LC 06868	1:01
35	239	Tekkno (Alle meine Entchen)	überliefert, Arr.: Wise Guys	Wise Guys	EMI 7243 8 21147 2 7 LC 00193	0:38
36	239	Going on My Nerves	Hilde Kappes	Hilde Kappes	T&M 012 LC 06142	0:33
37	239	In diesen heil´gen Hallen (aus: »Die Zauberflöte«)	Wolfgang Amadeus Mozart	Kurt Moll (Sarastro), Staatskapelle Dresden; Sir Colin Davis	Philips 432 628-2 LC 00305	1:07
38	239	Tarantelle	Georges Bizet	Cecilia Bartoli (Mezzosopran), Myung-Whun Chung (Klavier)	Decca 452 667-2 LC 00171	0:51
39	239	Wandrin' Star	Frederick Lowe, Alan Jay Lerner	Lee Marvin	Bear Family Records BCD 16166 AR LC 05197	0:41
40	239	Virgin of the Sun God	Taita Inty	Yma Sumac	Capitol 72435-21434-2-9 LC 00148	1:01
41	239	Non je ne regrette rien	C. Leveille, H. Contet	Edith Piaf	Laserlight 15131/1 LC 08259	0:27
42	239	Schluck-Auf-Arie	Hilde Kappes	Hilde Kappes	T&M 012 LC 06142	0:32

HB	Seite	Titel	Komponist	Ausführende(r)	Quelle	Daue
CD 7						
43	239	Creol Love Call	Duke Ellington	Comedian Harmonists	EMI 7243 4 93146-2-7 LC 00193	1:54
44	244	Über's Meer	Rio Reiser	Rio Reiser	Columbia COL 476590 2 LC 00162	2:03
45	247	Bye-bye love	Felice Bryant, Boudleaux Bryant	The Everly Brothers	Cosmus 544 0683 LC 08971	2:23
46	248	Schuld war nur der Bossa Nova	Weil/Mann/Buschor	Manuela	Sonia CD 77289 LC 08367	2:44
47	248	Blame it on the Bossa Nova	Barry Mann, Cynthia Weil	Eydie Gormé	GL Music Co. GL 206 o. LC	0:59
48	249	Marmor, Stein und Eisen bricht	Christian Bruhn, Drafi Deutscher, Rudolf Günter Loose	Drafi Deutscher	Ariola 297 007-200 LC 08637	2:37
49	250	Die freie Republik	Trad./Bearb.: Hannes Wader	Hannes Wader	Mercury 514 409-2 LC 00268	2:29
50	255	King of the Road	Roger Miller	Buddy Jefferson	BMG Ariola 290141-200 LC 00967	1:25
51	258	Ich wollt' ich wär ein Huhn	Peter Kreuder, Hans Fritz Beckmann	Lilian Harvey und Willy Fritsch (Gesang), Odeon Tanzorchester, Friedrich Schröder, Aufnahme von 1936	Der goldene Trichter/ EMI CDP 538-1 56309 2 LC 04077	2:43

HB	Seite	Titel	Komponist	Ausführende(r)	Quelle	Dauer
CD 7						
52	261	Zieh' dir bloß die Schuhe aus	Marius Müller-Westernhagen	Marius Müller-Westernhagen	WEA International 2292-42174-2 LC 04281	3:05
53	262	Live is Life (Beginn)	Grasmuck/Gruber/Pfleger/Plisnier/Tremschnig	Opus	Polydor 543 454-2 LC 00309	1:46
54	264	Westerland	Farin Urlaub	Die Ärzte	CBS CBS 460962 2 LC 00149	1:43
55	266	Money, Money, Money	Benny Andersson, Björn Ulvaeus	Abba	Polar Music International AB (Universal) 533 569-7 LC 00309	1:23
56	268	Raindrops keep fallin' on my Head	Burt Bacharach, Hal David	Ray Conniff	CBS 466302 2 LC 00149	1:07
57	271	Siyhamba	überliefert	Tschechischer Knabenchor Boni Pueri; Pavel Horák, Jakub Martinec	Supraphon SU 3764-2231 LC 00358	1:44
58	276	Come Back Liza	William Attaway, Lord Burgess	Harry Belafonte	Companion 6187332 o. LC	0:52
59	277	Jamaica Farewell	überliefert, Lord Burgess	Harry Belafonte	Companion 6187332 o. LC	1:23

Schroedel

Soundcheck